Washington Cucurto

Schuhe aus Leinen

Aus dem argentinischen Spanisch
übertragen von Timo Berger

SuKuLTuR
2008

Schöner Lesen Nummer 80
ein SuKuLTuR-Produkt

1. Auflage Dezember 2008
Alle Rechte vorbehalten
Texte © Washington Cucurto
Übersetzungen © Timo Berger
Druck: DDZ-Berlin

SuKuLTuR, Wachsmuthstraße 9, 13467 Berlin
sukultur@satt.org · www.sukultur.de

ISBN 978-3-93773795-9

 klimaneutral gedruckt

Mac Donald's

Danke, lieber Mac von der Ecke Pueyrredón und
                                        Juan Perón,
dass du mich den ganzen Morgen für eine Tasse Kaffee
                                        erträgst

Danke, du Bush treueste Imbissstube der modernen Welt,
dass du meine Gedanken auf die dreckigen Auslagen in
                                        Once lenkst.

Ohne die Mädchen von hier, die bei dir arbeiten
(nicht alles stammt aus dem Imperium),
ohne Dich, lieber Mac, wo wäre ich jetzt?

Danke, du Seelenverwandter und Freund dieser
                                        Verhältnisse;
wie schade, denke ich, als die Menge mit ihren
                                        Che-Guevara-Fahnen
deine Schaufenster und Rollläden in Stücke schlägt!

Lieber Mac, du Bush treuestes Unternehmen, hoch lebe
                                        dein Imperialismus
von Mac Combo, Croissant und Café.

Schuhe aus Leinen

Am Bahnhof im Stadtteil Once
steht ein großes Schuhgeschäft,
das allergrößte der Welt,
dort findet man Paare
aus den unterschiedlichsten Stoffen.
Schuhe über Schuhe
in allen möglichen Farben
und in den verrücktesten Formen!
Es gibt sie in rot, türkis und lila,
in violett, schwarz und rosa,
in dunkelblau und alle aus Leinen, genau.
Stellt mir den Herrn vor,
der die Schuhe aus Leinen erfand,
dem küss ich heute noch verliebt die Hand!
Espandrilles, ach!,
Sandalen, uh!,
flache Flipflops, bah!,
die haben nicht die Eleganz
von Schuhen aus Leinen.
Auf so viel Eleganz stoßen wir selbst nicht
bei einem König!
Wenige Dinge mögen lustvoller sein
als ein Spaziergang in Schuhen aus Leinen.

Raus mit euch, Slipper,
Sklaven männlicher Selbstsucht!,
aus Rind-, aus Gams-, aus Nubukleder,
wo soll da mehr Haltung,
mehr Vornehmheit sein
als bei einem Schuh aus Leinen?
Ich begehre wie alle
so viele Dinge:
Dolby Surround, einen iPod,
einen Laptop,
doch mit einem Paar *Flechas* aus Leinen
wird das Schicksal es gut mit mir meinen.
Von hier aus bis zum Meer,
gibt es nichts, was zu vergleichen wär.
Ich nehme den Sulky, den Trolleybus,
die Trambahn oder den Omnibus,
und was für ein Komfort in
meinen Schuhen aus Leinen!
In ihnen bewahre ich einen Pinsel
und Binsen, ein Heft mit Gedichten,
in ihnen vergeht mir die Lust,
mich in den Fluss zu stürzen …

Heute, wo sich alle Verse auf Wunder reimen,
staune ich
und bewundre meine Schuhe aus Leinen.

Das Fotokopiergerät

Morgen, wenn ich sterbe,
werde ich nicht mehr schwarz sein
und nach einer Weile (über mein Schwarzsein hinaus)
auf die Welt zurückkehren,
verwandelt in ein Fotokopiergerät.
Aber aufgepasst!
Nicht als Xerox, Canon oder Nashua!
Nur diese wahnsinnigen Japaner
bringen es fertig, Maschinen
auf Vogelnamen zu taufen!
Ich werde eine Kopiermaschine sein
und wie ein Vogel fliegen.
Werde die ganze Welt kopieren,
sie rülpsend wiedergeben, durch den Mund
und, wenn es sein muss, scheißen
Kopien über Kopien, jeden und
jede werde ich unsterblich machen
auf einer Kopie.
Kopien über Kopien!
Werde alles von mir geben, durch den Mund, die Haut
und die ganze Welt einstecken
mit nem Fälscherlächeln.

In der Kunst und Literatur
bin ich ein Fotokopiergerät;
so ist mein Leben: eine Kopie
einer früheren Kopie mit besserer Qualität.
Alles hat eine bessere Qualität als das eigene Leben!
Ich will nur das Wort einladen,
die Sprache soll
keine Kette von Flüchen sein
im Mund der Menschen.

Die Sprache soll eine Blume sein
wie Paquita, die über die Mauer späht.

Die Sprache soll keine unnahbare Braut sein,
nur weil du keine Karre hast!

Fauna von Once

Dicke Verkäufer von Erdnüssen in Schokolade.
Dicke Verkäufer von Fußballstulpen europäischer Mannschaften.
Dicke Ex-Konditoren und Verkäufer von Quittentörtchen.
Dicke, perverse Verkäufer, die ihre Töchter feilbieten, als wären sie Unterwäsche. (Slips, Socken, Hemdchen, Spaghettiträgertops. Holen sich darauf einen runter.)
Dicke, dreckige Verkäufer von Bratwurstbrötchen, Blutwurstbrötchen, Rindernierenbrötchen – Verkäufer von in ihrem eigenen Kot gepökeltem Fleisch.
Dicke Verkäufer, die dir die Uhrzeit verraten.
Dicke, berechnende Verkäufer, die dir den Tag und die genaue Uhrzeit deines Todes verraten.
Dicke, finstere Verkäufer, die den Tod niederstrecken – auf Bestellung.
Dicke, gewiefte Verkäufer, die deine Vorstellungskraft herausfordern: dir ein Wasserspiel mit blinkenden Lichtern verkaufen, plus einen Wecker und umsonst dazu zwei Batterien.
Dicke, tropische Verkäufer, die sofort wittern, dass du Lust hast, Musik zu hören.

Dicke, schmierige und opportunistische Verkäufer, die dir verkaufen, was du noch nie in deinem Leben gebraucht hast, bevor sie kamen. Warum sind sie gekommen? Wer hat sie gerufen?

Dicke, spanische Verkäufer der gesamten die Welt umspannenden Spanischheit: Anthologien von García Lorca, dicke Wälzer von J. Amado, Stadtführer, Bibeln, Landkarten, Poster.

Dicke, kumpelhafte Verkäufer, die bereit sind, dir das Meer, auf einen Wagen geschnallt, zu verkaufen, einen Mohren und Gold, ein Bündel Fliegen und sogar eine Liebe.

Dicke, unentbehrliche Verkäufer, die deine Vorstellungskraft füttern, die du anfängst zu brauchen.

Dicke, gefährliche Verkäufer, die dir eine Waffe an die Schläfe setzen.

Dicke Verkäufer, die dir die billigsten Jeans per Lautsprecher durchsagen.

Dicke, peruanische Verkäufer von Batterien, Taschenlampen, Lotto- und Totoscheinen: fröhliche oder traurige Verkäufer. „Ganz wie Sie wünschen".

Dicke, zweitklassige Verkäufer, die die Welt in den Abgrund stürzen und retten mit jedem ihrer Schreie.

Gedicht für
Mike Tyson

Weil ich Mike Tyson nicht kannte,
machte ich eine Literaturzeitschrift mit dem Titel
Mike Tyson.
Ich liebte sie, Poesie und Boxen,
alles lief gut, alles lief glatt;
ein Interview mit René Houseman,
aber ich kannte Mike Tyson nicht…
Ich kannte X-504; Circe Maia,
Fernández Moreno.
Ich druckte eine Zeitschrift über Poesie und Sport
und kannte Mike Tyson nicht!
Ich wusste nicht, dass Mike Tyson das Licht der Welt
erblickt hatte,
Fußball spielte und Whitman las.
Niemals nie
brachten wir irgendwas über Mike Tyson.
Und Mike pur war ein ganz Großer.

Das war ein Fehler. Der große Fehler.

Aber alles lief gut, alles lief glatt.
Ich machte eine Zeitschrift, die hieß *Tyson's Braut*!
Und ich kannte Mike Tyson nicht!
Ein großer Mann, ein Tiger, ein Kämpfer aus ganzem
                              Herzen.
Ein Kind aus Brooklyn, kein Mann aus Stahl,
sondern mit einem goldenen Herzen.
Ein Kind, das aus dem Gleason's kam, einer alten
                              Turnhalle.
Einem Tempel.
Ali, La Motta, Chavez, Benítez, kamen aus diesem
                              Tempel…
Ich machte eine Zeitschrift, die hieß *Mike Tyson*.
Und ich kannte Mike Tyson nicht!

Das war ein Fehler. Der große Fehler.

Unter Männern

Also, offen gesprochen, Laércio Redondo,
ich verstehe nicht, warum du keinen Fußball spielst.
Fußball ist der Sport der sanften Männer.
Fußball ist der Sport für Männer, die sich
wie Wahnsinnige lieben.
Der talentierte Spieler wird vom tüchtigen gequält.
Und der Tüchtige brennt darauf, ihn aus Liebe zu
                                quälen…
Das Leben ist schön, Laércio.
Auf dem Platz setzt sich der Tüchtige durch
und der Verliebte läuft hinter ihm her.
„Komm schon, foul mich, tüchtiger Manndecker."
Viele Male habe ich das unter Männern vernommen…

Ich sah Männer, die sich auf dem Rasen wälzten, damit
                                andere
sich auf sie würfen, so wundervoll ist die Liebe,
verdorben, verboten, auf der Flucht aus einer
                                angsterfüllten Welt.
Das macht die Liebe, um zu überleben, und das ist so
                                schön.

Das ist es, lieber Laércio, Fußball ist ein Sport
für Männer, die sich wie Wahnsinnige lieben.
Passolini wusste das genau und genoss es,
er war Kapitän einer tüchtigen Jugendmannschaft…
… unter Männern und mitten auf der Straße;
der Tüchtige und der Talentierte,
die Umarmung und der Kuss nach dem Tor ist wie das
Nachspiel zu einem großen Fick.
Laércio, lieber Freund, lass dir nicht das Beste entgehen.
Alles ist besser und magisch unter Männern…

Der Mann mit dem Gesicht des Che

Er tätowierte sich den Che auf die Schulter,
als sich noch niemand tätowierte, und
noch nicht mal alle den Che kannten.
„Warum hast du dir den Che tätowiert?",
fragte meine Großmutter.
Das machen Männer, die aus dem Gefängnis kommen,
sagte sie.
„Und du, was denkst du, Mutter, was ist dieses Leben
anderes als ein großes Gefängnis?"
Als sich noch niemand tätowierte,
tätowierte er sich den Che auf die Schulter.
Jahrhunderte bevor der Che der Che war,
tat dies ein Mann, bevor
alles andere passierte.
Heute, einen Tag vor Weihnachten,
rufe ich ihn an, um ihm ein schönes Fest zu wünschen.
Er ist völlig betrunken.
Glücklich, mich zu hören, sagt er gleichzeitig
etwas über den Schnee zu mir:
„Du bist ein Trugbild im Schnee."
Mein Vater hat wieder angefangen zu trinken.

Hängt wieder an der Flasche,
„Wie schön deine Kinder sind, Bruder!"
Mein Vater sagt „Bruder" zu mir.
Papa, morgen ist Weihnachten.
„Ich bereue, dass ich mir das Gesicht
des Che auf die Schulter tätowiert habe,
ich bereue alles und auch den Che."
Seinen Che, unseren Che auf der Schulter unserer
Kindheit.
„Der Che ist auf meiner Schulter stärker gealtert als ich",
sagt er zu mir.
Mein Vater hängt wieder an der Flasche.
Mein Vater steht und fällt mit seiner Schulter.
„Vergiss mich nicht, Bruder", sagt er.
Niemals, sage ich und lege auf.

Sie klatschte mir Schnee auf den Pimmel

Schätzchen, sagte sie, vögle den Schnee.
Und das erregte mich.
Aber nicht mal verrückt, würde ich ihn ins Kalte stecken.
Doch sie kam angerannt und klatschte mir
Schnee auf den Pimmel…

Um zu sehen, wie sichs anfühlt. Wies so is.

„Noch nie habe ich einen schwarzen, schneebedeckten
Pimmel gesehen!"
Und als ob sie was angestellt hätte, sagte sie kichernd:
„Er wird violett, wird dunkel."
Zweifellos wurde der helle, weiße Schnee
für weiße Männer gemacht.
So wie die Tropensonne für schwarze Männer.
Schwarzer Schneepimmel komm zu mir, sagte sie
und küsste ihn.

Um zu sehen, wie sichs anfühlt. Wies so is.

Es fängt an zu schneien

Es fängt an zu schneien
in Stuttgart.
Es schneit
auf den großen Mercedes-Stern.
Der Schnee ist berühmt
wie Maradona.
Mercedes produziert
ein schneefarbenes
Modell.
Der Schnee ist schöner
als Muhammed Ali,
seines Zeichens ein Prinz.
Es fängt an zu schneien
in Stuttgart
Monoton fällt er
Mit der Monotonie
die wichtige Dinge
so an sich haben
fällt der Schnee
Weiße Schokolade

Ohne den Weihnachtsmann
in Stuttgart
am Neuen Museum
am Antiken Kolosseum
bei den Punks, die schreien
in der Dunkelheit
des Platzes.
Der Schrei der Punks,
über die meine Freundin sagt,
sie seien Pazifisten
Und würden auf der Straße leben
Und würden den Katzen
zu fressen geben.
Sie schreien in
der Dunkelheit des Parks
Der Schrei der Rebellion
einer Opposition gegen die Welt
Ein Schrei nach einer neuen Welt,
der auch mein Schrei in der Dunkelheit
und Kälte der Nacht ist.
Es fängt an zu schneien in der Königstraße,
wo wir Glühwein trinken
mit Absinth und Frank Sinatra.
Er singt New York New York.

Auf die Eisbahn, wo sich
Schlittschuhläufer umarmen, weit entfernt
von den Punks.
Es fängt an zu schneien
Und unter dem Wappen
von Mercedes Benz
ist die S-Bahn-Station
Rotebühlplatz,
wo sich zwei kleine Punks
küssen und der Kälte
ein *fuck you* zeigen.
Es fängt an zu schneien in der Königstraße
Ohne den Weihnachtsmann
und mit Melancholie.

Washington Cucurto, geboren 1973 in Quilmes, Provinz Buenos Aires. Sein literarisches Debüt „Zelarayán" (1998) wurde 2001 auf Empfehlung des *Secretaría de Cultura de la Nación* aus den öffentlichen Bibliotheken Argentiniens entfernt. Das Werk wurde dennoch mit dem ersten Preis des „Segundo Concurso hispanoamericano Diario de Poesía" ausgezeichnet. Weitere Gedichtbände folgten, u. a. „La máquina de hacer paraguayitos" (1999), „Veinte pungas contra un pasajero" (2003), „La cartonerita" (2003) und „Hatuchay" (2005), sowie die Romane „Cosa de negros" (2003), „Las aventuras del Señor Maíz" (2005) und „El curandero del amor" (2007). Auf Deutsch erschien von ihm eine Auswahl von Gedichten in dem Band „Die Maschine, die kleine Paraguayerinnen macht" (Berlin, SuKuLTuR 2004) und in „Kein Messer ohne Rose/No hay cuchillo sin rosas" (Stuttgart, merz+solitude 2007).

Timo Berger, geboren 1974 in Stuttgart, hat Allgemeine und Vergleichende Literaturwissenschaft, Lateinamerikanistik und Neuere deutsche Literatur in Tübingen, Buenos Aires und Berlin studiert. Heute lebt er als freier Autor, Journalist und Übersetzer aus dem Spanischen und Portugiesischen in Berlin. In Buenos Aires hat er von 2004 bis 2007, in mehreren deutschen Städten von 2006 bis 2008 Festivals zeitgenössischer lateinamerikanischer Lyrik kuratiert.